Kuji-Kiri et Majutsu

Art sacré du mage d'Orient

ISBN: 978-0-9810613-8-2

Publié par: F.Lepine Publishing

www.Flepine.com

Tous droits réservés © 2008

Table des matières

Introduction 5

Survol technique 9
    Activer le kuji-in 12
    Activer les mains 13
    Outils d'activation 14
    Activer les symboles 15

Règles de l'art 21
    Règles générales 22

Formes et signes 33

Activer le kanji du kuji-in 45

Exemples d'applications 47
    Rituel simple 47
    Rituel complexe 49

Appendice des symboles 53
    Associés à RIN 53
    Associés à KYO 54
    Associés à TOH 55
    Associés à SHA 56
    Associés à KAI 57
    Associés à JIN 58
    Associés à RETSU 59
    Associés à ZAI 60
    Associés à ZEN 61
    Les éléments 62
    Autres kanji utiles 63

Kuji-in 65

Les 5 éléments 75

Introduction

Kuji-kiri signifie « Neuf entailles des signes ». Cette technique découle de la tradition Bouddhiste ésotérique. Vue de l'extérieur, elle semble consister à dessiner neuf lignes sous forme de grille, puis à y dessiner un symbole. En fait, c'est la mise en place de neuf structures énergétiques qui, une fois activées, peuvent doter d'un certain pouvoir un concept qui est représenté par le symbole dessiné sur la grille. Ce symbole interagit ensuite avec ce qui semble être la réalité et modifier la structure de l'univers selon l'effet désiré.

En d'autres mots, les neuf lignes que nous dessinons en kuji-kiri sont neuf concepts d'énergie que nous traçons sur une surface ou dans l'air. Cette grille agit lorsque la personne qui dessine la grille a activé les neuf pouvoirs de sa conscience. À ce moment, la grille dessinée devient une représentation de la matrice du monde, dans laquelle vous pouvez invoquer une autre énergie conceptuelle.

Un adepte du kuji-kiri est parfois appelé « majutsushi », ce qui se traduit par « magicien » ou « prestidigitateur ». 真 ma = pur; 術 jutsu = art; 仕 shi = utilisateur. Ainsi, l'utilisateur de l'art pur. Habituellement, les adeptes du kuji-kiri sont des moines ou des prêtres expérimentés dans la tradition bouddhiste Mykkyo (ésotérique), comme Shingon, Ten-Daï, ou Shugendo.

Cependant, il y a suffisamment de similarités avec les manières taoïstes pour supposer que le kuji-kiri est parvenu au Japon avec les bouddhistes chinois qui apportaient avec eux l'influence du Taoïsme. De nos jours, cet art est populaire surtout grâce au Ninjutsu, mais les Ninjas ne sont pas les seuls à employer le kuji-kiri et le kuji-in.

Le kuji-kiri n'est pas un guide de développement de la puissance en neuf étapes. Il ne s'agit pas d'une simple formule de sorcellerie qui fonctionnera instantanément en suivant simplement quelques règles de base. Le kuji-kiri est un art simple, quoique complet, dont l'apprentissage et l'activation requièrent dévotion et détermination. Une fois que sa puissance est libérée chez l'utilisateur, le système du kuji-kiri fera d'une personne jusque-là ordinaire un véritable mage pouvant influencer les destinées.

Un majutsushi bien entraîné peut faire des exorcismes, aider les gens à guérir, développer des capacités surnaturelles et influencer le déroulement des événements. Un tel utilisateur d'un art si pur est responsable de ses actes lorsqu'il utilise le kuji-kiri et le majutsu. La puissance d'un mage s'accroit dans un état de respect, de compassion et de dévotion.

Remarques sur la prononciation japonaise : Les symboles traditionnels japonais employés dans tous les écrits de majutsu ainsi que lors d'invocation, incluant le kuji-kiri, portent le nom de kanji. Deux autres manières japonaises d'écrire se nomment

Katakana et Hirangana, qui sont les caractères japonais modernes, qui ressemblent davantage à un alphabet. Une autre façon d'écrire le japonais s'appelle Romanji, qui consiste à écrire les sons au moyen de l'alphabet français pour donner une idée de la prononciation afin que vous puissiez dire les mots relativement facilement. Dans ce livre, vous trouverez l'épellation Romanji de chaque symbole kanji, ainsi que la prononciation Katakana ou Hiragana, afin de vous familiariser avec l'alphabet Japonais. Pour exécuter le majutsu et le kuji-kiri, vous devez apprendre la signification des symboles graphiques de chaque kanji que vous souhaitez utiliser dans une formule magique, mais également la prononciation des mots, en utilisant la prononciation Romanji, Katakana et Hiragana.

Mot utilisé fréquemment : Jutsu

Kanji : 術

Romanji : Jiyutsu (Ji-yu-tsu)

Katakana : ジュツ

Hiragana : じゅつ

Nous emploierons surtout la version Katakana, à moins qu'un mot ne soit vraiment pas fréquent dans ce style, en quel cas nous utiliserons la version Hiragana.

Survol technique

L'utilisation du kuji-kiri consiste à établir un lien avec la matrice de l'univers, entre le monde physique et le monde spirituel. Ce lien est ensuite utilisé pour interagir avec les différents niveaux de conscience de l'univers.

Le majutsushi semblera tracer une grille alors qu'en fait, il connecte ensemble les différents plans de l'existence, puissant dans le code de la matière physique, la force vitale, les sentiments, les expériences émotionnelles, les pensées mentales, la conscience, les dimensions et le processus créatif, tout à la fois. Une fois le lien établi entre toutes les fibres qui constituent l'univers, le majutsushi dessinera un symbole qui sera utilisé comme point de focalisation afin d'insuffler de la nouvelle information dans la structure de l'univers afin de le modifier. Le fait de dessiner la grille sert à établir un contact avec la matrice, et le fait de dessiner un symbole sert à modifier ou insérer de l'information.

Voici un exemple afin de vous aider à mieux comprendre le processus. Tout d'abord, le majutsushi trace une grille de 9 lignes, selon un ordre précis, tout en invoquant simultanément les neuf pouvoirs qu'elles représentent. Cela établit la structure énergétique qui interagira avec la matrice de l'univers. La première ligne, RIN, est trace de gauche à droite, la seconde, KYO, est trace de haut en bas. Ensuite, la troisième ligne est tracée de gauche à droite, la quatrième de haut en bas et ainsi de suite, jusqu'à ce que les neuf lignes soient tracées. Cela requiert un peu de pratique au moyen d'un crayon et de papier afin de parvenir aux bonnes proportions lorsque la technique est faite dans l'air avec les doigts.  La grille doit être dessinée avec un état d'esprit sacré, avec concentration et volonté. Les lignes doivent vibrer de lumière et apparaître sur le plan astral. Cela se produit dès que vous vous y concentrez et que vous y mettez votre volonté.

Une fois la grille dessinée, l'utilisateur tracera un symbole par-dessus la grille. Ce symbole doit également avoir été préalablement doté de puissance. Supposons dans ce cas que le symbole de la santé est utilisé. Alors que l'utilisateur dessine, établissant de  nouvelles structures énergétiques, il récite également les mantras ou les formules associés à chaque concept alors que son esprit est absorbé par la conscience pure. Si cette grille de kuji-kiri est dessinée sur une blessure, celle-ci guérira plus rapidement. Une fois la grille et le symbole tracés, il faut diffuser la conscience de la modulation de la réalité sur toute la superficie ou l'organe à influencer. La magnitude de l'effet dépend de l'expérience et de la puissance du majutsushi.

Après que le majutsushi a doté de puissance les neuf symboles pour créer la grille, il peut ensuite activer les différents symboles et schémas énergétiques afin de produire différents effets. À chaque fois qu'un utilisateur de kuji-kiri active un nouveau symbole, il acquiert un nouveau pouvoir. Activer ainsi un nouveau symbole requiert un peu de temps puisqu'il s'agit de potentialiser tout un concept énergétique dans sa totalité.

La grille et le symbole peuvent être dessinés avec l'index ou le majeur, ou encore avec un crayon ou de l'encre. Habituellement, les dessins sont faits avec la main droite, mais il peut être parfois utile de le faire avec la main gauche, en de rares occasions. Avant de pouvoir tracer le kuji-kiri avec vos mains, vous devez activer le mudra du sabre avec votre main droite.

Jusqu'à maintenant, nous avons appris que pour que notre kuji-kiri soit efficace, nous devons d'abord :

- Activer les neuf concepts énergétiques qui constituent la grille, nous permettant de puiser dans tous les plans de l'existence et d'utiliser tous les outils qui nous sont disponibles.

- Activer la main afin d'en faire un outil de dessin magique, nous permettant d'interagir avec la structure de l'univers et d'utiliser votre main pour vous connecter à la matrice de la réalité et de l'influencer (un peu comme de charger un nouveau logiciel dans la matrice et de lancer l'application).
- Activer certains concepts énergétiques spécifiques représentés par des symboles.

Le majutsushi doit également avoir une certaine expérience en méditation et doit aussi pouvoir gérer des concepts sans mots qui proviennent de la pensée pure. Cette partie ne s'explique pas. Elle vient naturellement avec de la pratique et de l'expérience. Plus vous le faites, plus vous en comprendrez le fonctionnement.

Activer le kuji-in

Pour amorcer l'activation des neuf énergies du kuji-in, vous pouvez lire d'autres ouvrages sur le sujet tels que qi-gong et kuji-in volume 1. Les volumes 2 et 3 du kuji-in ne sont pas requis pour débuter, mais deviendront essentiels pour le majutsushi sérieux, étudiant de l'art sacré. Les bases du kuji-in se retrouvent à la fin de ce livre afin que vous puissiez commencer l'activation immédiatement.

Activer les mains

Activez votre main droite en faisant le mudra du sabre (retenir l'annulaire et l'auriculaire avec le pouce, pointer l'index et le majeur). Pour une durée de deux minutes, visualisez votre main brillante de lumière, condensant l'énergie puissante avec intensité, tout en répétant les mots japonais : Riyoku Te Sei et en visualisant les symboles kanji dans votre main. Ensuite, tracez les symboles kanji de Puissance, de Main et d'Énergie (voir page suivante) avec votre main, devant vous, et imaginez que vous dessinez ces symboles dans la matrice de l'univers. Alimentez l'existence de ces symboles au plan spirituel devant vous en les visualisant brillants pendant que vous les tracez, l'un par-dessus l'autre. Ne tracez pas la grille de kuji-kiri encore. Tracez simplement ces symboles devant vous. Juste avant de terminer le tracé d'un symbole, prononcez le mot japonais correspondant à voix haute. Une fois que les 3 symboles sont tracés, tenez-vous debout sans bouger, votre main droite sur votre cuisse devant vous, puis focalisez une fois de plus sur l'accumulation de l'énergie dans votre main. Faites cette activation de focalisation et de dessin de 2 minutes au moins trois fois, mais vous pouvez en faire davantage si vous le souhaitez afin de potentialiser davantage l'activation. Répétez ce processus d'activation quotidiennement pendant 9 jours de suite. Vous pouvez potentialiser la main gauche chaque jour, après avoir potentialisé la main droite.

Apprenez le premier symbole de la Puissance puisqu'il est plus simple. Ensuite, lorsque vous êtes prêt à apprendre le second symbole, apprenez celui de la Main. Ensuite, apprenez le symbole de l'Énergie. Ce symbole de l'Énergie représente la force de l'esprit de l'Énergie, et non par le type d'énergie de la force physique ; il y à quelque chose de tangible à ce symbole d'Énergie, mais il s'agit tout de même d'Énergie spirituelle.

Puissance	Main	Esprit d'Énergie
Riyoku (リヨク)	Te (て)	Se-i (セイ)

力　手　精

Outils d'activation

Une fois que votre main est active, vous pouvez l'utiliser afin d'activer d'autres outils comme du papier de riz, de l'encre, une plume, un pinceau ou tout autre objet que vous utiliserez au cours de vos pratiques de kuji-kiri et de majutsu. Pour activer un objet, il suffit d'établir un contact physique avec celui-ci, ou avec son contenant, et de visualiser la lumière brillante de la puissance et l'énergie spirituelle pénétrant l'objet (力精 Riyoku Se-i). Vous pouvez visualiser les symboles dans votre main activée, radiante de lumière blanche dans l'objet activé pendant que les symboles apparaissent spirituellement sur l'outil. Si vous le souhaitez, vous pouvez également tracer physiquement ces kanji sur les outils eux-mêmes, mais ils ne deviendront utiles que pour des processus d'activation spirituelle. Une fois que les outils sont activés, ils seront efficaces pour n'importe quel rituel ou pratique spirituelle pour lesquels vous les utiliserez. Cette activation peut prendre un moment, ou quelques minutes.

Activer les symboles

Étape 1 : Pour activer un symbole, vous devez le dessiner et méditer sur le concept qu'il représente. D'abord, identifiez le concept qu'il représente sans utiliser de mots pour le décrire. Investissez-vous du sentiment de ce concept au meilleur de votre habileté, et non simplement la pensée du concept. Après avoir identifié ces paramètres, passez à l'étape suivante. De plus, trouvez une couleur qui s'harmonise avec le symbole, aux fins de visualisation. Si vous n'avez aucune idée, visualisez une lumière blanche. Si vous ne pouvez bien visualiser, alors utilisez votre imagination d'autres manières, ou pensez-y simplement sans y associer d'images.

Étape 2 : Tracez le symbole devant vous, dans l'air, en utilisant votre main nouvellement activée. En langage japonais, il existe un ordre et un sens pour dessiner chaque ligne d'un kanji, mais ce savoir et cette expérience ne sont pas requis. Si vous en apprenez davantage sur le traçage de kanji japonais, vous aurez simplement investi davantage de ressources mentales en majutsu, ce qui fera peut-être une légère différence à long terme. Tracez le symbole une fois, ensuite fermez les yeux et visualisez-le devant vous devenant de plus en plus puissant, irradiant de plus en plus d'énergie et de lumière. Le symbole devrait se trouver fixe devant vous pendant 10-15 secondes. Ensuite, imaginez que le symbole s'approche de vous, lentement, jusqu'à ce qu'il pénètre en vous par votre troisième œil (situé au front), et se dissous dans votre cerveau, puis dans votre système nerveux en entier sur une période d'environ 10-15 secondes. Utilisez le mot japonais comme mantra, en le répétant lentement dans votre esprit.

Tracez le symbole une seconde fois devant vous. Laissez-le fixe pendant 10-15 secondes. Ensuite, imaginez-le s'approcher de votre plexus solaire, puis y pénètre en immergeant votre abdomen de son énergie. Utilisez le mot à nouveau comme mantra.

Tracez le symbole une troisième fois devant vous. Laissez-le fixe et visualisez ensuite le symbole devenant de plus en plus grand, jusqu'à ce qu'il fusionne avec votre corps en entier. Enveloppez et emplissez votre corps de l'énergie du symbole. Répétez mentalement le mot japonais, comme un mantra.

Étape 3 : Méditez pendant au moins 15 minutes sur l'énergie ainsi que sur le concept du symbole. Laissez-vous baigner dans la sensation de ce concept sans mots. Vous pouvez regarder le symbole autant que vous le voulez.

Lorsque vous avez activé votre main un peu plus tôt, vous avez découvert 3 symboles : Puissance, Main et Énergie. Vous pouvez commencer avec ces trois symboles si vous souhaitez vous exercer avec les bases du kuji-kiri. Voici quelques autres symboles de base que vous pouvez apprendre et activer.

Santé	**Bonheur**	**Paix**
Ken (ケン)	Fuku (フク)	Ta-i (タイ)
健	福	泰

Quelques autres symboles se trouvent dans ce guide. Certains seront accompagnés de leur couleur suggérée, leur définition et une contemplation philosophique suggérée pour une activation maximale. Lorsqu'aucune couleur n'est proposée, fiez-vous à votre intuition et à votre expérience. En fait, même lorsque les couleurs proposées sont de bons exemples, vous devez quand même arrêter votre choix en vous basant sur votre expérience et votre connaissance du kuji-in. Vous ne pouvez devenir un majutsushi efficace si vous vous limitez à suivre les recommandations d'un guide. Cependant, vous devriez considérer suivre les recommandations contenues ici jusqu'à ce que vous ayez suffisamment d'expérience pour faire vos propres choix.

Pour activer un symbole, plus d'une séance de 15 minutes sera nécessaire. Dès la première séance d'activation, un symbole commencera à être efficace, mais pour parvenir à sa puissance maximale vous devrez augmenter la puissance de chaque outil pendant 9 jours de suite. Ainsi, il est recommandé que vous activiez les symboles suivant lors de vos premières séances d'activation : Puissance, Main et Énergie spirituelle, chacun pour une durée de 15 minutes. Vous devriez ensuite activer les symboles de Santé, Bonheur et Paix, qui sont toujours utiles dans la plupart des situations quotidiennes. Vous pouvez activer autant de nouveaux kanjis que vous le souhaitez chaque jour. Si vous voulez activer 6 kanjis par jour, il vous faudra 1 heure et demie, pour la durée totale des 9 jours.

Truc : Lorsque vous méditez sur le concept de Puissance/Riyoku, ne vous attardez pas à un sentiment de supériorité, mais plutôt sur le pouvoir de l'univers. Lorsque vous méditez sur Main/Te, pensez à tout ce qui manipule les choses, les objets et les énergies. Tentez toujours de saisir la signification la plus évoluée d'un concept ainsi qu'une compréhension la plus large possible de toutes les applications. Dans ce cas, une main peut être une main physique et la main philosophique de la destinée, ou même la main de Bouddha (ou Dieu), si vous souhaitez avoir une nature davantage spirituelle. Le même concept s'applique avec l'Énergie spirituelle/Se-i, vous devriez tenter de laisser votre Être Supérieur vous révéler la signification pendant que vous contemplez la nature supérieure du concept. L'activation se fait par la méditation et la contemplation et non pas par intellectualisation.

En méditant, il est normal que votre esprit divague et soit distrait. Cela est une sensation naturelle que tous les adeptes de la méditation vivent au début, et cela peut durer jusqu'à quelques années. Ne vous inquiétez pas du fait que votre mental collabore ou non à votre expérience. Lorsque vous remarquez que vous ne vous concentrez plus sur l'activation de votre kanji, revenez-y tout simplement et tentez de ne plus perdre le fil. Cela dit, vous perdrez probablement votre concentration à nouveau, alors revenez simplement à votre méditation.

Règles de l'art

Le majutsushi ne doit pas uniquement connaître les règles générales, mais également l'art du kuji-kiri. Bien qu'au début il est fortement recommandé de suivre les règles aussi scrupuleusement que possible, lorsqu'un usager devient adepte de cet art, il doit suivre son intuition. Cependant, trop souvent l'intuition est invoquée comme prétexte pour transformer de manière ridicule la méthode traditionnelle en une expérience farfelue pour l'utilisateur sans expérience. Nous vous recommandons fortement de suivre les règles jusqu'à ce que vous saisissiez l'essence du kuji-kiri, jusqu'à ce que vous puissiez ressentir le système du kuji-kiri dans votre esprit et votre corps.

Une fois que les règles sont bien ancrées, il est temps de vous en libérer. Lorsque vous aurez appris et pratiqué longuement le kuji-kiri, il sera temps pour vous de vous libérer des règles et de vous permettre d'exprimer les impulsions spontanées de votre âme. Cela étant dit, n'imaginez pas avoir atteint ce niveau au cours de la première année.

Règles générales

Résumé : Le mage définira et activera un effet particulier et utilisera une ancre physique pour joindre l'invocation (« jeter un sort ») à la cible de l'invocation. **Les symboles et les signes** composent l'invocation. **La cible** est la personne, l'objet ou la région à influencer. **L'ancre** est un article physique qui est utilisé pour joindre l'invocation et la cible.

Symboles : La manière la plus efficace de faire une invocation est d'utiliser un seul symbole dessiné par-dessus une cible évidente. Plus l'effet est global, plus facile sera l'invocation, et plus efficace elle sera. Le symbole général pour « santé » procurera l'effet désiré. Dans ce cas, il n'est pas requis d'indiquer ce qui doit être guérit, comme de dessiner les symboles de « reins en santé », puisque la grille et les symboles peuvent être tracés directement sur la région où se trouvent les reins. Il est recommandé de ne pas utiliser de symbole pour désigner une cible, à moins que la cible ne soit pas disponible.

Langage : Apprendre le japonais n'est pas nécessaire, mais cela vous aidera à prononcer des invocations plus complexes. La personne ne parlant pas le japonais sera limitée à des grilles ne contenant qu'un seul symbole, parfois accompagné de quelques symboles de soutien. Cependant, même le majutsushi expérimenté préfère souvent ces sorts plus simples, puisqu'ils sont habituellement les plus puissants. Tracer trop de symboles dilue l'effet de chacun d'eux, divisant la volonté du mage sur une invocation plus large. Les symboles multiples ne devraient être utilisés que lorsque l'effet ne peut être atteint avec précision au moyen d'un seul symbole, ou lorsque la cible doit être décrite dans l'invocation lorsqu'elle n'est pas disponible.

Cibles : Si la cible peut être vue ou touchée, alors le symbole doit simplement être tracé par-dessus cette dernière. Si la cible n'est pas disponible, vous pouvez tracer la grille et le symbole sur une photo de la cible en question, ou sur un papier officiel la représentant. Lorsque la cible n'est pas présente, la façon de l'atteindre est d'établir un lien avec sa signature énergétique. N'importe quel objet appartenant à la cible est teinté de sa signature énergétique. Un vêtement souvent porté par la cible suffira à établir un contact entre elle et l'invocation. Plus la cible a été en contact avec l'objet, plus le lien sera fort. Les émotions sont la matière brute avec laquelle ces liens sont créés. Ainsi, un objet ayant été sujet à des émotions fortes sera plus utile. Plus le lien à la signature énergétique de la cible est fort, moins il se perdra d'énergie lors de l'invocation. Vous devriez démontrer un grand respect pour la cible s'il n'est pas approprié de toucher la région affectée (ex. : pour guérir un cancer du sein). Dans un tel cas, vous pouvez diriger votre invocation au corps en entier, ou utiliser une ancre pour fixer l'invocation sur la cible.

Ancres : Afin qu'une invocation dure plus longtemps, il est utile de l'ancrer physiquement. Cela est possible en dessinant la grille et les symboles avec de l'encre, soit sur une feuille de papier que la cible gardera avec elle, ou directement sur un objet qui sert de lien avec la cible. Le fait de dessiner uniquement sur le plan énergétique n'aura qu'un effet temporaire. Un parchemin peut facilement être fixé à un bâtiment cible, ou à proximité de l'endroit à influencer. Les ancres jouent également un rôle lors d'invocations. Si vous utilisez une ancre, aussi bien utiliser des matériaux dont les propriétés soutiendront également l'effet de l'invocation. Vous pouvez faire votre invocation sur un type précis de roche correspondant à l'effet recherché, ou vous pouvez utiliser certains tissus. Vous pouvez parfumer l'ancre avec des essences conseillées en aromathérapie. Vous pouvez fixer à l'ancre d'autres articles qui correspondent à la signature énergétique de la cible. Les possibilités sont infinies.

Lors de la fabrication d'une ancre plus complexe, faire une invocation sur cette ancre en fera un talisman. Vous pouvez trouver plusieurs de ces composantes correspondantes dans d'autres livres à propos de Mykkyo ou de la magie. La chose la plus importante est que toutes les composantes d'une ancre doivent être fixées ensemble.

Vous pouvez rouler un petit parchemin, l'insérer dans un petit contenant et l'attacher à quelqu'un ou à un bâtiment. Si vous utilisez une ficelle ou une chaîne, cette dernière devrait également recevoir l'invocation afin qu'elle puisse aussi magiquement lier l'ancre à la cible.

Lorsque vous utilisez une ancre, les invocations ne sont pas affectées par la distance. Au niveau Retsu du kuji-in, nous apprenons que la distance semble exister dans le monde physique, mais non dans le champ de la conscience. Une bonne ancre fonctionnera, peu importe à quel endroit sur la planète, et ce que vous connaissiez la cible ou non. Cependant, l'invocation est à sa puissance maximale lorsqu'elle vient d'être prononcée, elle demeurera efficace pendant un moment, mais son effet diminuera graduellement avec le temps. Pour qu'une invocation puisse avoir des effets sur des périodes de temps plus longues, il est recommandé de la refaire périodiquement, ou vous pouvez demander à la cible de répéter les mots de temps à autre, tout en tenant le talisman.

Ceci fonctionnera également quelque peu : Tracer une grille et un symbole n'importe où, en n'utilisant que la visualisation pour prononcer l'invocation, sans la présence de la cible que l'invocateur a seulement en mémoire.

Mais la meilleure solution serait : Utiliser des items actifs, tracer avec de l'encre de la couleur recommandée sur un parchemin qui sera en contact avec la cible, et parfumée avec les arômes recommandés.

Influences : Tout ce que fait l'invocateur lorsqu'il prononce une formule est d'influencer la réalité et l'illusion. Plus il est expérimenté et puissant, plus l'invocation aura des effets puissants sur le cours naturel des événements, même au-delà des lois naturelles. Il faut beaucoup d'expérience pour influencer les lois de la nature, et cela implique toujours le paiement d'un prix karmique. Il est préférable d'être compassionné en utilisant le kuji-kiri.

Éléments : Tout dans la création est fait de combinaisons d'éléments originaux de base. Bien que des éléments ne soient pas toujours requis pour chaque invocation, les inclure augmentera grandement l'efficacité de l'invocation. L'influence élémentaire ne devrait pas être le facteur principal lors d'une invocation, à moins qu'elle ne soit basée directement sur une propriété inhérente à l'élément. Il existe cinq éléments à l'origine de la création, et qui composent toutes choses. Ces éléments sont : la terre, l'eau, l'air, le feu et le néant/l'esprit. Il faut beaucoup de temps pour charger l'énergie des cinq éléments dans votre conscience et votre âme, mais cette activation renforce énormément le processus en entier. Même si un élément n'est pas inclus dans une invocation, toutes celles prononcées par un mage ayant activé les cinq éléments seront grandement amplifiées. Le processus d'activation des cinq éléments requiert l'emploi d'un mala. Ce processus est expliqué à la fin de ce livre.

Mala : Un majutsushi possède habituellement un mala chargé. Le mala est un collier de prière bouddhiste comptant exactement 108 billes. Il existe parfois d'autres billes servant de point de repère pour le comptage, ou comme décoration symbolique, mais la boucle du collier doit compter 108 billes (109 billes pour le mala Hindou). L'âme et le mala du mage devront éventuellement être chargés avec les neuf mantras sanskrits du kuji-in. Pour charger un mala, le majutsushi récite chacun des neuf mantras sanskrits du kuji-in un total de 11664 fois tout en comptant avec son mala. Pendant douze jours de suite, sans rater une seule journée, le majutsushi tient son mala et récite le mantra en utilisant les billes pour compter, jusqu'à ce qu'il ait récité neuf malas d'un unique mantra. Un mala compte 108 billes, lorsque récité neuf fois par jour (972 mantras) sur une période de 12 jours (1164 mantras). Après avoir chargé le premier mantra du kuji-in (RIN), le majutsushi charge ensuite le second (KYO) et ainsi de suite… Après 108 jours, le mala est chargé, tout comme le majutsushi.

Si le majutsushi perd ou brise son mala de façon permanente, il ne perd pas la charge qu'il a en lui, cela lui appartient à jamais. Ce qu'il perd est l'outil physique. Un mala chargé sert de lien physique avec la matrice, augmentant grandement la puissance de l'effet lors du traçage de la grille. Dans un tel cas, il est recommandé de charger un nouveau mala. Une fois que votre âme est chargée, vous n'avez pas à refaire le processus une fois de plus, sauf pour charger le nouveau mala. Pour charger un nouveau mala, vous devez faire 9 malas d'affilés du mantra à charger dans le mala, et votre âme recréera l'influence qu'elle a sur ce nouveau mala. Vous pouvez également faire 1 mala par jour pendant 9 jours.

D'autres mantras peuvent être chargés sur le même mala. Il existe quelques mantras bouddhistes qui aideront le majutsushi dans ses exercices. Cependant, chaque nouveau mantra chargé sur le mala employé pour faire le kuji-kiri nuira aux sorts orientés dans d'autres directions. Charger le mantra de la compassion empêchera de faire des invocations offensives et blessantes, mais influencera positivement toutes les invocations de type compatissantes. Le mantra de la compassion est **Om Mani Padme Hum**.

Un mala ne peut être utilisé que par l'invocateur à qui il appartient. Celui-ci doit avoir chargé le mala lui-même, ou dans de rares cas, lorsqu'un mala est offert par un être illuminé et unifié à la conscience du majutsushi. Dans tous les cas, le majutsushi devra tout de même charger les neuf mantras du kuji-in dans sa propre conscience. Le majutsushi dévoué devra également charger les cinq éléments. Le processus des cinq éléments peut également être chargé à la fin de ce livre.

Préparation: Avant de lancer quelque sort que ce soit, le majutsushi doit se charger lui-même avec les énergies spécifiques qui seront requises pour faire l'invocation. Ceci se fait en :

- Méditant avant de lancer le sort. La méditation est aussi recommandée après l'invocation, pour le bien du majutsushi.

- Réciter de multiples malas du kuji-in associé au sort qui doit être lancé, s'il est connu. Les mantras sanskrits du kuji-in sont habituellement utilisés. Les mantras des éléments peuvent également être utilisés, même si aucun élément n'est présent dans l'invocation elle-même, puisque cela accumule de la matière première dans les plans supérieurs.

Invocation: L'invocateur doit être détendu avant et après avoir lance son sort. Au moment de l'invocation, le majutsushi doit augmenter sa propre puissance de manière spontanée et adopter un comportement puissant. Toutes ses actions doivent être faites avec détermination. Ses mouvements ne doivent pas être nerveux, colériques ou brutaux, mais ils doivent projeter de la maîtrise de soi et de la force. Au moment de l'invocation, le majutsushi inspire avec grâce et puissance, mais pas nécessairement rapidement. Il tend les bras et le torse, puis l'invocation commence.

La grille doit être trace avec confiance. Elle ne doit pas être tracée trop rapidement, comme s'il s'agissait de coups de sabre, mais plutôt faite comme si on entaillait le tissu de l'univers. Soyez aussi précis que possible, mais ne vous inquiétez pas inutilement du résultat graphique final. Vous ne devez pas permettre à votre esprit de douter de la distance séparant les lignes ni de leur longueur, ni de l'exactitude des symboles. Si vous tracez la grille et les symboles, le processus fonctionnera. La précision est une chose importante lorsque vous vous exercez, mais lors d'une réelle invocation, cela ne doit même pas vous traverser l'esprit.

Alors que la grille est tracée, l'invocateur doit mentalement et émotionnellement être absorbé dans la connexion avec la matrice de l'univers. Pendant que le symbole est tracé, l'invocateur doit être mentalement et émotionnellement absorbé dans l'effet souhaité sur la cible.

Lorsque vous avez terminé le dessin du symbole au centre de la grille, placez votre paume entière sur la grille et répétez plusieurs fois le(s) mot(s) représenté par le(s) symbole(s). La croyance populaire veut que le majutsushi dessine une grille et un symbole dans l'air, puis prononce un seul mot, mais en réalité il est recommandé de garder la main au centre de la grille et de réciter l'invocation au moins quelques fois tout en demeurant totalement absorbé par l'effet souhaité. Le sort est instantané seulement lorsque du papier et de l'encre sont utilisés. Si vous pouvez demeurer concentré pendant au moins une minute, l'effet obtenu sera bien plus puissant. Dans tous les cas, relancez le sort aussi souvent que possible afin d'en nourrir l'effet, l'efficacité et la durée. Utilisez votre mental pour diffuser l'effet de la nouvelle pensée dans la zone à influencer.

Un majutsushi très expérimenté pourra lancer un sort sans préparation, sans ancre sur le sujet, de manière expéditive et rapide sans même prononcer l'invocation à voix haute. Ceci requiert de la pratique et de l'expérience. Vous devriez d'abord commencer en traçant la grille lentement, suivi par le symbole, de manière posée. Si vous dessinez plusieurs symboles, prononcez le mot/sort en entier à la fin du processus de traçage. N'hésitez pas à utiliser votre volonté, mais ne succombez pas à la colère ni au négativisme. La puissance peut demeurer pure en intention et en volonté.

Des exemples de sorts seront fournis plus loin dans le livre afin que vous puissiez avoir une meilleure idée du processus en entier. Il sera utile de relire quelques fois ce document en entier.

Formes et signes

D'autres formes et symboles peuvent être employés comme soutien à l'influence principale d'un processus. En kuji-kiri, bien que l'aspect le plus important d'un processus soit de dessiner un symbole sur une grille, il est commun de voir d'autres symboles sous la grille, ou sur l'autre face d'un talisman. Nous voyons souvent différentes formes et différents signes, accompagnés par d'autres kanji.

Lorsque possible, essayez de tracer les formes et les signes dans le sens des aiguilles d'une montre. Tracez une simple ligne de haut en bas, ou de gauche à droite. Dessinez les autres formes à partir de leur point gauche en haut (ou central) vers le bas et vers la droite. Un triangle serait tracé en commençant par la pointe en haut, jusqu'en bas à droite, puis à gauche pour revenir à la pointe en haut. Un triangle inversé serait tracé à partir de la pointe gauche en haut, vers la droite, puis vers la pointe du bas pour revenir à la pointe de gauche en haut. Lorsque votre figure se trouve à plat sur le plancher, ou à l'horizontale, vous devriez utiliser le nord magnétique pour définir le haut de toute la figure.

Dans l'intensité du moment, ne vous attendez pas à dessiner des lignes parfaitement droites. Faites de votre mieux pour être aussi symétrique et cohérent que possible, mais acceptez les petites variations qui ajouteront du style à votre art. Les formes fermées (comme les cercles, triangles, carrés, etc.) ne devraient pas contenir d'ouvertures ni de parties incomplètes. Les formes fermées doivent être fermées entièrement lorsque tracées. Pour toutes ces raisons, vous devrez exercer vos habiletés de dessinateur avec vos mains, mais également en manipulant une plume ou un pinceau sur du papier. Prenez le temps de vous exercer à faire plusieurs cercles, plusieurs triangles, plusieurs carrés, le tout afin de vous améliorer. Ensuite, lorsque viendra le moment de lancer votre sort, vous serez plus efficace que si vous ne vous étiez pas exercé du tout.

Chaque forme doit être activée de la même manière dont vous l'avez fait avec les symboles, en les dessinant devant vous, puis en les attirant en vous, dans votre système nerveux, votre mental, votre abdomen ainsi que votre corps en entier, puis en méditant. Refaites ce processus d'activation des formes pendant 9 jours pour une efficacité maximale.

Ligne verticale : Une ligne peut être dessinée verticalement afin de diviser deux effets, ou pour établir une limite d'influence. Cette utilisation n'est pas courante.

Ligne horizontale : Une ligne peut être dessinée horizontalement pour indiquer une combinaison des forces spirituelles et physiques, lorsqu'un symbole est dessiné au-dessus et en dessous de la ligne. Une ligne horizontale au bas d'un sort peut indiquer qu'il se base sur des lois naturelles ou des principes physiques, ou qu'il apporte la stabilité dans une situation.

Triangle : Un triangle peut être tracé afin de promouvoir l'expansion d'une certaine énergie conceptuelle. Un kanji dessiné à l'intérieur d'un triangle sera la force en expansion, alors que 3 petits kanji dessinés à l'extérieur de ses faces représenteront le résultat de l'expansion. Un triangle pointant vers le bas densifiera les énergies spirituelles à un plan inférieur, plus tangible, alors qu'un triangle pointant vers le haut indiquera une force montante, une expérience de croissance, ou une expérience favorisant l'expansion de la spiritualité.

Un bon exemple d'un triangle pointant vers le haut (page suivante) est de dessiner le kanji du feu dans le triangle, ensuite le kanji de la pureté en dessous, le kanji de l'harmonie à la gauche et le kanji du bonheur à la droite. Placez tout ceci dans un cercle et vous avez un talisman qui purifie les énergies, les émotions et les pensées, talisman qui apportera un sens d'harmonie dans votre mental et de joie dans votre cœur.

Carré : Principalement utilisé dans les situations ayant trait au tangible, le carré représente la base spirituelle de la forme physique. Le carré est le bloc qui compose les structures. Il est utilisé surtout pour influencer le plan physique. Il est souvent utilisé comme la forme se trouvant le plus à l'extérieur. Dans les mandalas bouddhistes et Hindous, il est courant de voir une base circulaire au centre d'un dessin général, représentant les événements ou concepts spirituels, le tout englobé dans une forme extérieure en forme de carré qui représente le monde, la structure, ou la manifestation physique. Le carré est souvent un contenant philosophique quelconque, tout comme l'est le corps physique, une réserve d'énergie, une maison, ou autre.

Croix : La croix symétrique est similaire au concept du carré puisqu'il s'agit également d'une forme basée sur le chiffre 4. Elle est utilisée pour représenter une interaction entre les plans physiques et spirituels. Elle est aussi utilisée pour représenter la structure, alors que le carré est surtout utilisé pour représenter le contenant.

Swastika : Cette forme est une croix en mouvement, représentant le monde en évolution. Ses angles droits signifient également que les énergies structurelles sont en mouvement. Cette forme est utilisée pour apporter la chance, la bonne fortune et pour assurer que tous les aspects d'une situation se déroulent favorablement. Elle est populaire en bouddhisme et en Hindouisme et est souvent vue dans la main d'un personnage divin. Bien qu'elle fut popularisée par le mouvement nazi, cela ne devrait pas vous distraire de la beauté et de l'intégrité de cette forme divine très ancienne.

Le swastika est utilisé depuis les origines des traditions spirituelles pour apporter la bonne fortune, la prospérité et la victoire. Le swastika bouddhiste, visant à élever l'être humain vers la réalité spirituelle, est tracée tel qu'indiqué ici. Mais le swastika Hindoue était utilisée pour emmener les énergies spirituelles dans l'expérience tangible et la direction des branches est inversée (tout comme le symbole nazi).

Pentagone : Plus la forme devient complexe, plus elle ajoute de difficulté à l'activation et au lancement du sort. Sa compréhension est essentielle avant que vous ne puissiez l'utiliser dans un rituel magique ou dans une invocation. Alors 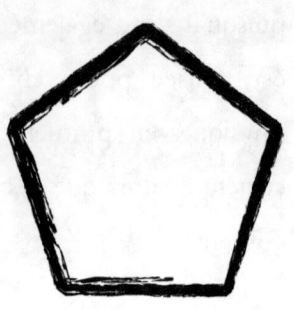 que le carré, basé sur le chiffre 4, est l'étape finale de tout type de manifestation physique, le pentagone, basé sur le chiffre 5, représente le résultat d'une expérience manifestée. Vous devriez utiliser le pentagone si vous souhaitez influencer le résultat d'une action physique, ou d'un processus structural. Placez un kanji à l'intérieur de la forme représentant le résultat que vous souhaitez obtenir. Si vous voulez absolument placer des kanji ou des symboles en dehors de la forme, ils devraient décrire la façon dont vous souhaitez que les choses se déroulent. Si vous voulez ajouter encore plus de précision, sachez que le côté droit du haut est associé à la force émotionnelle spirituelle, le côté gauche du haut est associé à la compréhension intellectuelle, le côté droit en bas est associé à l'aspect artistique ou sensuel humain, le côté gauche du bas est associé est la compréhension mécanique du processus, et que le bas est associé à l'action physique, le contenant ou l'événement lui-même. Lorsque vous activez le pentagone pour la première fois, vous ne devriez activer que la forme générale en tentant d'en saisir le concept, sans porter d'attention à la fonction de chacun des côtés. Plus tard, lorsque vous serez plus expérimenté, vous devriez réactiver le pentagone lorsque vous pouvez vous souvenir des cinq aspects extérieurs mentionnés.

Vous devriez éviter d'utiliser des structures trop complexes lors de vos premières tentatives de rituel de majutsu ou d'invocation. Toutefois, avant de pouvoir activer efficacement des formes plus élaborées, comme le pentagone ou le pentagramme, les premières formes à activer devraient être le cercle, le triangle, le carré et la croix.

Pentagramme : Tout comme le pentagone, le pentagramme est basé sur le chiffre 5, est complexe et est difficile à saisir au début. Alors que le pentagone est une forme fermée englobant la totalité de sa surface interne, chaque ligne du pentagramme croise deux  autres lignes, ce qui représente l'interaction des forces. Une fois qu'une forme est manifestée et établie (carré, croix, 4), elle peut être mise en action avec le pentagramme, qui est la forme interactive à 5 côtés. Alors que le pentagone est utilisé pour diriger le mouvement naturel des choses, le pentagramme est utilisé pour créer une influence, pour mettre une force en mouvement volontairement, ou pour résister à une autre force de façon puissante. Le pentagramme est utilisé pour contrôler un élément, pour provoquer des événements, pour forcer notre volonté sur quelque chose, pour provoquer un mouvement dans une situation qui était jusqu'alors stagnante. Le pentagramme est probablement la forme la plus difficile à comprendre et à activer complètement. Lorsque vous êtes prêt à activer le pentagramme, vous devriez d'abord l'activer en utilisant uniquement le concept général de la mise en mouvement des forces. Il sera suffisant de l'utiliser dans votre art en plaçant un kanji en son centre. Cependant, si vous souhaitez faire une deuxième étape, sachez que la signification des espaces entre chaque pointe est similaire aux côtés du pentagone. La pointe du haut représente la nature supérieure, le Soi, l'aspect le plus spirituel. La pointe en haut à gauche représente la force de base en mouvement. La pointe en haut à droite représente la méthode ou la stratégie du mouvement. La pointe en bas à gauche représente la manière dont la force de base influencera l'événement physique. La pointe en bas à droite représente le sentiment ou la charge émotionnelle derrière le mouvement. Dans tous les cas, le pentagramme sera plus efficace si vous l'activez trois fois, une fois pour la forme globale, une seconde fois pour les concepts des pointes extérieures (comme le pentagone) et une troisième fois avec les concepts des pointes intérieures.

En général, nous plaçons un pentagramme à l'intérieur d'un cercle pour une influence générale de tous les aspects. Le pentagramme encerclé est utilisé pour plusieurs talismans, et est très facile à utiliser en médaillon. Cependant, vous pouvez placer le pentagramme dans un carré sans qu'aucune pointe touche le carré lui-même, pour représenter la force mise en mouvement de la manière la plus tangible qui soit. Le pentagramme peut être placé dans un pentagone, les pointes touchant ou non la forme extérieure, afin d'obtenir un maximum de précision dans l'effet du talisman. Cependant, vous devriez garder à l'esprit que, plus votre talisman devient complexe, moins il sera efficace si vous ne pouvez saisir tous les aspects d'un talisman en une pensée unique. Pour cette raison, vous devriez éviter de faire des talismans-pizzas, comme un triangle au centre d'un pentagramme qui est également au centre d'un carré, enseveli sous les kanji, symboles, croix et swastikas éparpillés dans tous les coins d'un design plutôt impressionnant. Afin de mieux illustrer tout ceci, tentez d'analyser et de comprendre la totalité du concept présenté ci-dessous. Il est censé apporter la richesse par un travail facile s'il peut être tracé par un majutsushi capable de garder tous les concepts en tête pendant qu'il dessine et invoque.

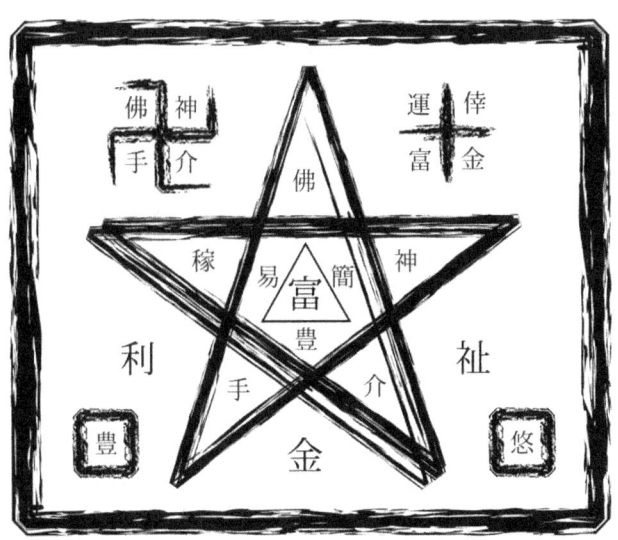

Ci-dessous se trouve l'application standard d'un talisman en pentagramme. Je vous laisse découvrir les mécanismes internes lorsque vous aurez acquis beaucoup plus d'expérience en majutsu, mais je peux vous dire tout de suite qu'il y a un lien avec la rectification du poids karmique, pour amoindrir la manifestation de la souffrance.

Même si vous n'avez pas activé chaque aspect du talisman, sa reproduction accompagnée d'une activation simple aura quand même des effets positifs. Ce talisman pourrait être dessiné de l'autre côté d'un parchemin sur lequel se trouve une grille de kuji-kiri avec le symbole du bonheur.

Étoile à 6 pointes : Combiner l'effet de deux triangles se rejoignant, nous pouvons déduire qu'il s'agit de la jonction de deux forces complémentaires. Le triangle pointant vers le haut, vers le spirituel, et le triangle pointant vers le bas, vers le physique, se joignent à un point de convergence et se combinent de façon harmonieuse. Cette forme représente toujours l'harmonie des polarités, la collaboration de tous les niveaux d'une expérience et l'unité de la conscience dans tous les aspects d'une situation. Elle peut être utilisée pour favoriser l'union d'un homme et d'une femme, mais vous devriez éviter de lancer des sorts allant à l'encontre de la volonté de qui que ce soit. Elle peut également être utilisée pour renforcer les liens entre les membres d'une famille. Elle est utile en ce qui concerne les choses spirituelles lorsque nous souhaitons unifier notre nature humaine et notre Être Supérieur, ou même pour emmener la présence du Soi dans l'expérience tangible de la vie. Les deux triangles représenteront toujours des polarités. Le triangle pointant vers le bas provient du divin et ainsi représente le masculin, l'aspect positif, le jour, le Yang, l'incarnation… alors que le triangle pointant vers le haut représente le féminin, la polarité négative, la nuit, le Yin, la sublimation…

La zone centrale est l'endroit du Soi, de l'objectif de l'influence, ou la composante active principale d'un talisman. Les 6 zones internes de chaque pointe représentent les forces en action. Les 6 zones externes entre chacune des pointes représentent la manière dont les événements se produiront, ou les énergies qui accompagnent la manifestation.

Les 6 zones intérieures dans les pointes, combinées aux 6 zones externes entre les pointes, sont 12 régions qui ont chacune leur fonction. Ces espaces peuvent être utilisés pour présenter les 12 signes du zodiaque, ou une série de symboles qui influenceront le déroulement d'un événement. Souvenez-vous qu'un excès de complexité peut vous éloigner de votre but. Plus un talisman est simple, meilleur il est.

L'étoile à 6 pointes est toujours d'utilisation existentielle. Elle est rarement utilisée en magie orientale. Compte tenu de ses propriétés de liaison et de fixation, elle n'est pas devenue populaire chez les mages bouddhistes qui prêchaient le non-attachement. Là où les Hindous voulaient unifier le corps et l'esprit, les bouddhistes souhaitaient plutôt de détacher de toutes choses matérielles, incluant leur propre corps, éventuellement. Néanmoins, il est utile d'utiliser cette forme pour des situations impliquant la famille, au sein d'un groupe, dans une communauté ou dans une relation.

Activer le kanji du kuji-in

Avant d'activer davantage de symboles, vous devriez activer les neuf kanji de base du kuji-in, afin de les rendre plus présents dans vos pratiques de kuji-kiri, et de rendre plus efficace le traçage de la grille.

RIN (Visage)   KYO (Troupes)   TOH (Combat)
Rin (リン)   Hiyou (ヒヨウ)   Tou(トウ)

SHA (Personne)	KAI (Tout)	JIN (Position)
Shia (シャ)	Kai (カイ)	Jin (ジン)

者　皆　陣

RETSU (Division, ligne)	ZAI (Existe)	ZEN (Devant)
Retsu (レツ)	Zai (ザイ)	Zen (ゼン)

列　在　前

Exemples d'applications

De nos jours, l'application populaire du kuji-kiri est d'accompagner un traitement médical conventionnel, ou pour protéger une maison. Néanmoins, nous ferons un survol de quelques exemples d'utilisations afin que vous puissiez comprendre les règles générales. Pourtant, il ne suffit pas de connaître les règles, encore faut-il s'entraîner pendant une longue période afin de synchroniser votre visualisation, vos gestes et votre volonté.

Rituel simple

Voici un exemple de la manière dont un utilisateur pourrait établir un cercle de protection pour sa maison. Le symbole de protection sera le principal symbole dessiné sur la grille, et le symbole de l'harmonie accompagnera le talisman, tracé sur une simple feuille de papier de riz. Nous considérons ici que les symboles de protection et d'harmonie ont déjà été activés par l'utilisateur par des méditations préalables. Le pinceau, l'encre et la feuille doivent avoir été préalablement activés pendant un court moment, juste avant le rituel.

- L'invocateur a préparé un pinceau japonais traditionnel, une feuille de papier de riz et de l'encre noire. Il est dans sa maison. Il peut allumer une chandelle blanche et de l'encens doux.

- L'invocateur médite sur les symboles de protection et d'harmonie pendant cinq minutes, puis sur leurs radiances qui investit sa maison, en utilisant les mots japonais comme mantra (Ei… wa…). Un majutsushi très expérimenté n'a pas à méditer avant de faire un processus de kuji-kiri, surtout s'il est en état permanent de méditation.

- L'invocateur sort lentement de son état de méditation afin d'éviter de donner un choc à son système nerveux, mais il ne perd pas sa focalisation du concept qu'il est en train d'activer.

- L'invocateur entre ensuite avec force dans un état d'esprit puissant, prenant une grande respiration, redressant sa colonne vertébrale pendant un moment et ouvrant grand les yeux.

- L'invocateur prend immédiatement le pinceau et dessine la grille de kuji-kiri sur la partie supérieure de la feuille de papier de riz tout en récitant les neuf syllabes (la visualisation du kanji du kuji-in n'est pas essentielle et serait même difficile compte tenu de la vitesse du traçage). Cela doit se faire de manière décisive, mais non violente.

- L'invocateur prend plus d'encre et dessine le symbole de protection au centre de la grille. Il n'est pas obligatoire qu'un symbole touche à toutes les lignes, mais il doit se retrouver à l'intérieur de la grille. En donnant le dernier coup de pinceau du symbole, il prononce ou crie le mot japonais (Ei) avec beaucoup de volonté dans sa voie et son mental.

- Il dessine ensuite le symbole de l'harmonie sous la grille, conservant sa concentration, mais en projetant moins de volonté et d'intention. Lors des derniers coups de pinceau, il prononce ou crie le mot japonais (wa). La voix doit imiter l'attitude du mot, il ne peut donc y avoir de colère en criant « Wa !!!! ». Dans ce cas, une prononciation douce mais franche est recommandée.

La feuille du talisman est maintenant active et est prête à être fixée sur une partie des fondations de la maison. Si la maison était menacée spécifiquement, il serait recommandé de fabriquer plusieurs de ces talismans, en petit format, et de les placer au-dessus de chaque fenêtre et de chaque porte.

Rituel complexe

Pour cet exemple de rituel, le majutsushi fera une bénédiction d'abondance pour quelqu'un d'autre, de manière à créer un talisman que la cible pourra porter sur elle.

Le mage aura un pinceau et de l'encre noire. Il préparera une feuille de papier de riz ayant 2 pouces carrés de dimension. Il pliera la feuille en quatre de manière à ce que lorsqu'elle est dépliée, les marques de plis soient visibles, formant quatre carrés de 1 pouce par 1 pouce. Le lien avec le chiffre 4 devrait vous sembler évident. L'objectif de ce processus est de densifier des énergies de manifestation dans le plan physique.

Il devra également avoir à sa disposition une bouteille d'huile essentielle d'orange, ou toute autre plante représentant l'abondance. Un petit sac de tissu sera utilisé pour contenir le talisman plié. Quatre chandelles blanches ou orange seront allumées dans chaque direction, autour du mage et de la zone d'invocation. Pour ce rituel, le mage aura besoin d'une petite photo de la personne ciblée qui portera le talisman dans le petit sac de tissu. La photo sera placée su l'autel, la table ou la zone d'invocation. Le papier du talisman sera placé par-dessus la photo. La cible sur la photo sera également activée alors que le mage dessine les symboles sur le papier qui se trouve au-dessus de la photo.

L'invocateur fera encore une fois sensiblement le même processus que dans le rituel ci-haut, avec les symboles d'abondance, de richesse et de bonheur. Il sortira de son état de méditation pour dessiner la grille sur la face intérieure du papier de 2 pouces carrés. Il tracera ensuite le symbole de la richesse sur la grille, de manière décidée et artistique, en criant « FU » au dernier coup de pinceau. Il soufflera ensuite sur l'encre pour la faire sécher plus rapidement. Alors qu'il souffle pendant environ une minute, il pourra transmettre davantage d'énergie au talisman en visualisant la vibration de richesse qui pénètre dans le talisman, transporté par l'air qui y est soufflé. Lorsque l'encre semble suffisamment sèche, le mage pliera le talisman une fois, repliant le côté gauche sur le côté droit. Il ajoutera ensuite une goutte d'huile essentielle, préalablement activée. Il repliera ensuite la partie supérieure sur la partie inférieure, obtenant ainsi le format final de 1 pouce carré. Au recto, il tracera le kanji de l'abondance, soufflera dessus pour le faire sécher, tout en y « insufflant » encore plus d'énergie d'abondance. Il retournera ensuite le talisman pour exposer le verso, sur lequel il tracera le symbole du bonheur, avant de souffler à nouveau pour faire sécher l'encre plus rapidement.

La photo de la cible et le talisman seront placés ensemble dans un petit sac de tissus ou tout autre contenant convenable. La présence de la photo vise à poursuivre l'activation de la cible même si elle ne porte pas ou ne transporte pas le talisman avec elle.

Si le majutsushi le souhaite, il peut prendre un peu de temps pour expliquer à la cible les actions qu'il a posées. Il est sage de semer les graines de la conscience dans l'esprit de ceux qui sont prêts à les recevoir. Cependant, soyez humble et diligent avec les personnes âgées ou avec ceux qui pourraient être offensés en apprenant les détails de l'art du kuji-kiri.

Appendice des symboles

Associés à RIN

Le premier ensemble de symboles est surtout relié aux expériences ayant trait au chakra de la base. En visualisation, ces symboles seraient rouge brillant, rouge feu ou rouge éclair, selon le genre d'effet recherché. Le chakra de la base est en lien avec tout ce qui concerne le fait d'être en vie, puissant et présent dans le corps. Il est en lien avec la sécurité du physique, le comportement génétique et bien d'avantage. Les chapitres traitant de RIN traitent tous du chakra de la base.

Confiance	Foi	Vie
Shin (シン)	Ko-u (コウ)	Mei (メイ)

Associés à KYO

Le second ensemble de symboles est surtout associé au chakra du nombril. Ces symboles peuvent être visualisés comme étant oranges, pour ce qui à trait aux choses internes, et orange avec des tracés de lumière blanche pour l'interaction avec le monde. Notez que si vous souhaitez faire émerger l'énergie intérieure de quelqu'un, vous devriez visualiser la couleur orange en lien avec ce qui a trait aux choses internes. Le fait que votre cible soit quelqu'un d'autre ne signifie pas qu'il s'agit d'une application du type « interaction ». La visualisation ne dépend pas de la relation que vous avez avec la cible, mais bien de l'effet souhaité. Le second ensemble de symboles est en lien avec des expériences similaires au kuji-in KYO.

Contrôle	Maître	Justice
Katsu (カツ)	Shiyu (シユ)	Gi (ギ)

Associés à TOH

Les symboles de type THO devraient être visualisés dans une lumière blanche. Leur source provient de l'intérieur de l'abdomen, le dan-tian. On peut les visualiser dans l'abdomen, autour du corps ou de la cible. Ils sont utilisés pour la maîtrise de soi, pour combattre nos démons intérieurs. Seulement lorsque nous sommes victorieux intérieurement pouvons-nous être victorieux extérieurement.

Victoire	Harmonie	Protection
Shiyou (ショウ)	Wa (ワ)	Ei (エイ)
勝	和	衛

Associés à SHA

Les symboles associés à SHA devraient être visualisés comme étant jaunes pour les sujets intellectuels, et dorés pour les sujets spirituels ou ce qui à trait à la guérison. Il est relié au plexus solaire.

Santé	Illumine	Détermination
Ken (ケン)	Shiyou (ショウ)	Ketsu (ケツ)

健　照　決

Note: Le signe de la Victoire de la série KYO se prononce de la même manière que brille/illumine de la série SHA.. C'est un peu comme un homonyme. La même chose s'applique à plusieurs autres mots, comme le mot « Shin » pour la vérité et le cœur.

Associés à KAI

Les symboles en lien avec KAI devraient être visualisés comme étant d'un vert émeraude brillant. Ils sont en lien avec le cœur et sont utilisés pour découvrir l'Amour en soi. Seulement lorsqu'on le trouve en soi pouvons-nous le projeter extérieurement.

Amour	Affection	Coeur
Ai (アイ)	Ji (ジ)	Shin (シン)

愛　慈　心

Compassion

Dou (ドウ) Jiyou (ジョウ)

同情

Associés à JIN

Les symboles associés à JIN devraient être visualisés d'une couleur bleutée électrique. Ils sont en lien avec le chakra de la gorge. Ils portent surtout sur la compréhension de soi et du monde, la connaissance, l'expression…

Compréhension	Connaissance	Sagesse
Chi (チ)	Kaku (カク)	Ei (エイ)

知　覚　叡

Associés à RETSU

Les symboles en lien avec RETSU devraient être visualisés vert foncé, ou vert jade brillant. Ils sont associés à la porte de jade, à l'arrière du crâne. L'objectif de ces symboles est difficile à comprendre pour les spiritualistes inexpérimentés. Ils sont surtout associés à la perception, aux dimensions, à l'espace et au temps.

Perception	Espace	Temps
Nin (ニン)	Ku-u (クウ)	Ki (キ)

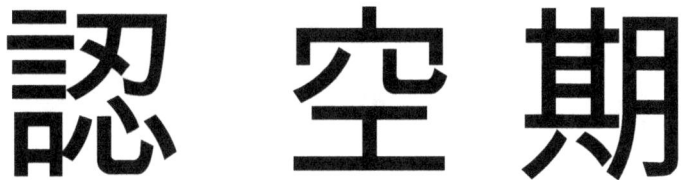

Associés à ZAI

Les symboles associés à ZAI devraient être visualisés de couleur indigo foncé semblable à un éclair blanc/mauve, avec un halo de lumière noire. Ces symboles sont liés au troisième œil, aux concepts de la spiritualité et de la création.

Créer	Élément	Origine / source
Sou (ソウ)	so (ソ)	Gen (ゲン)

創　素　元

Un élément de base/d'origine

est également Genso (ゲンソ) 元素

Un être élémentaire est Gensoshia (ゲンソシャ) 元素者

Associés à ZEN

Les symboles reliés à ZEN devraient être visualisés telle une lumière radiante, principalement blanche et dorée. Ils sont en relation avec le chakra de la couronne.

Bouddha
Butsu (ブツ)

佛

Vérité
Shin (シン)

真

Divin
Ten (テン)

天

Méditation
Mei (メイ)

瞑

Ange / Céleste
Tenshi (テンシ)

天使

Les éléments

Terre	Eau	Vent
Chi (チ)	Sui (スイ)	Fu (フウ)

地　水　風

Feu	Néant
Ka (カ)	Ku-u (クウ)

火　空

Autres kanji utiles

Mot	Romanji	Katakana	Kanji
Abondance	Ho-u	ホウ	豊
Acceptance	Yo-u	ヨウ	容
Bouddha	Butsu	ブツ	佛
Pardon	Shia	シャ	赦
Physique	Tai	タイ	体
Reconnaissance	Nin	ニン	認
Relation	Chiyu-u	チュウ	仲

Responsable/réponse à	Seki	セキ	責
Responsabilité / devoir	Nin	ニン	任
Sincérité	Sei	セイ	誠
Esprit / âme	Rei	レイ	霊
Richesse	Fu	フ	富

Pour d'autres kanji, vous pouvez faire une recherche sur Internet ou vous procurer un dictionnaire des kanji. Activer tous les kanji de ce livre, dans l'ordre proposé, vous donnera l'expérience la plus directe de ce qu'est de devenir un majutsushi.

Kuji-in

Pour ceux qui ne sont pas intéressés à développer le plein potentiel du kuji-in, voici une introduction de base. Le kuji-in est un art qui transforme l'adepte en un être surnaturel. Cela dit, pour la personne curieuse, cette courte introduction suffira à faire une activation de base de la grille de kuji-kiri.

Seule la prononciation japonaise des mantras est fournie. La version sanskrite originale n'est utilisée que par les étudiants en kuji-in les plus dévoués.

Mettez-vous dans un état de détente ou de méditation, puis placez vos mains dans la forme proposée du mudra, et répétez le mantra pendant de longs moments, tout en contemplant les courts concepts philosophiques de chacune des étapes du kuji-in.

Chaque Ji-In (syllabe sceau) doit être pratiquée pour un minimum de quelques heures afin que votre âme puisse être chargée des énergies spirituelles qu'elles invoquent. Tracer une grille est à peu près inutile avant que ce processus ne soit complété. Seulement lorsque le kuji-in est activé en vous que la grille pourra réellement interagir avec la matrice universelle pendant que vous la dessinez.

1- RIN

 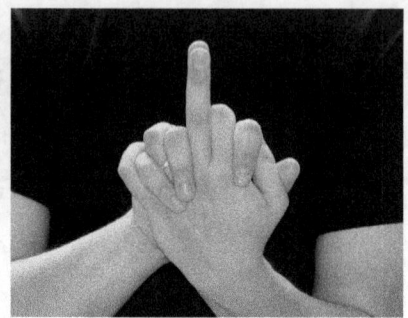

Pointez vos majeurs et entrelacez vos autres doigts.

Chakra : Base
Mantra : Om vajramanataya swaha

Le niveau RIN est utilisé pour renforcer votre corps et votre mental. Ce niveau de kuji-in doit être exécuté avant que tout autre niveau de kuji-in ne soit réellement efficace. Le kuji RIN agit un peu comme une « prise » sur laquelle nous pouvons nous « brancher » pour accéder à la Source Ultime de tout Pouvoir. En vous connectant à cette énergie Divine, le kuji RIN renforce votre corps et votre mental, surtout en collaboration avec les autres pratiques du kuji-in. Une connexion plus forte à la source d'énergie Divine vous rendra plus fort à tous les niveaux. Soyez conscient que ce niveau peut élever votre température corporelle.

2- KYO

 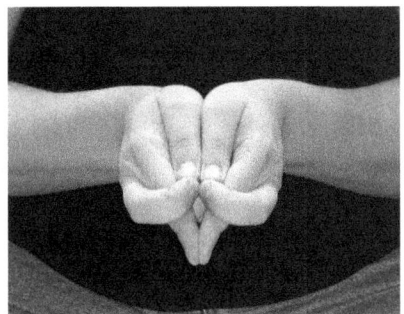

Pointez vos index et repliez vos majeurs sur vos index de manière à ce que vos pouces se touchent. Entrelacez tous vos autres doigts.

Chakra : Hara/Nombril
Mantra : Om ishaanayaa yantrayaa swaha

KYO active le flot d'énergie tant à l'intérieur de votre corps qu'à l'extérieur, dans votre environnement. Ce kuji vous aidera à apprendre à diriger l'énergie dans tout votre corps afin que vous puissiez manifester vos désirs dans le monde objectif. Bien que la volonté puisse diriger l'énergie, ne faites pas trop d'effort en ce sens. La volonté qui est utilisée pour diriger l'énergie devrait être comparable à « désirer énormément quelque chose » plutôt que « maintenir une poigne ferme ou de pousser avec une force extrême ». Même lorsque vous utilisez votre volonté pour acquérir quelque chose que vous désirez, vous devez toujours demeurer en paix et détendu.

3- TOH

 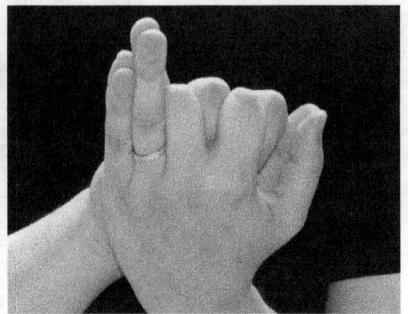

Pointez votre pouce ainsi que les deux derniers doigts de vos deux mains tout en gardant vos index et vos majeurs entrelacés entre vos mains.

Chakra : Dan-tian, entre le Hara et le Plexus solaire
Mantra : Om jitraashi yatra jivaratna swaha

En pratiquant le TOH, vous développez votre relation avec votre environnement immédiat, pour finalement arriver à le développer avec l'univers en entier. Tout en faisant vos pratiques, commencez à vous charger d'énergie et ensuite entourez-vous de cette énergie (vous y arriverez en le visualisant). Il s'agit là du kuji de l'harmonie. Il vous enseigne à accepter les événements extérieurs, tout en demeurant en paix à l'intérieur. Respirez toujours profondément avec votre abdomen, naturellement, sans effort.

4- SHA

 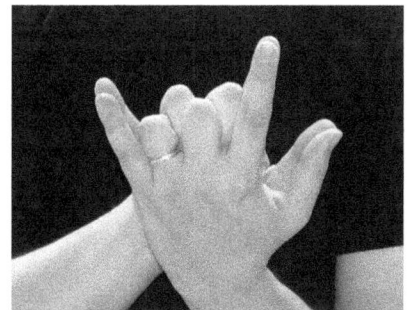

Pointez vos pouces, vos index et vos auriculaires et entrelacez vos majeurs et annulaires entre vos mains.

Chakra: Plexus solaire
Mantra : Om haya vajramaantayaa swaha

Avec ce Kuji, votre corps voit ses capacités de guérison augmentées. En pratiquant ce niveau, votre corps récupère et guérit plus rapidement. Cette capacité accrue de guérison et de récupération résulte des plus grands niveaux d'énergies qui circulent dans vos canaux énergétiques (méridiens) ainsi que dans votre plexus solaire. Cette vibration bénéfique émanera de vous éventuellement, aidant également les gens que vous côtoyez à guérir alors que vous passez davantage de temps en leur compagnie.

5- KAI

Entrelacez tous vos doigts, avec le bout de chaque doigt pressant contre la racine du doigt opposé.

Chakra: Coeur
Mantra : Om namah samanta vajranam ham

Ce kuji augmentera votre état de conscience et contribuera à développer votre intuition. Le mudra s'appelle « Les liens extérieurs ». Les liens extérieurs sont des courants énergétiques qui précèdent tout événement, ne serait-ce que pour un très court moment. Ce sont les influences directes provenant du monde extérieur et sont à la source de toutes vos expériences.

L'intuition est une alliée puissante, il s'agit de ce que vos sens perçoivent de vos interactions avec votre environnement ainsi qu'avec les gens qui vous entourent. Ce niveau augmentera votre intuition et vous aidera à apprendre à vous aimer ainsi qu'à aimer ceux qui vous entourent.

6- JIN

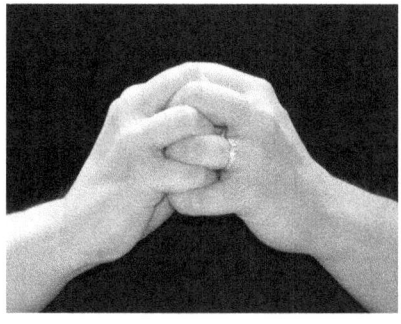 

Entrelacez tous vos doigts, la pointe des doigts vers l'intérieur, chacun touchant le doigt équivalent de l'autre main, si possible.

Chakra: Gorge
Mantra : Om agnayaa yanmayaa swaha

Les « liens internes » sont des courants énergétiques se trouvant en vous et qui vous lient avec votre Être supérieur. Nous pouvons savoir ce que les autres pensent. En vous recueillant au plus profond de vous-même, là où il n'y a pas de mots, vous pouvez prendre contact avec ce même endroit chez les autres. Lorsque vous faites cette connexion, vous pouvez entendre les pensées d'autrui, sans mots, ou vous pouvez apprendre à communiquer par des concepts mentaux, ce qui est communément appelé télépathie.

7- RETSU

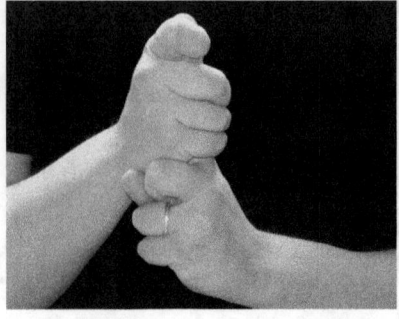 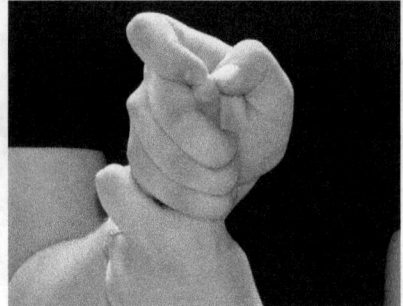

Pointez votre index gauche vers le haut et enveloppez-le avec votre main droite. Placez le bout de votre pouce et index droit sur le bout de votre index gauche. Les doigts de votre main gauche sont réunis pour former un point.

Chakra: Portail de Jade, à l'arrière de la tête
Mantra : Om jyotihi chandoga jiva tay swaha

Après avoir pratiqué les exercices de kuji-in pendant quelque temps, vous remarquerez qu'ils modifient votre perception de la matière solide et que vous serez en mesure de percevoir les différents courants d'énergies qui composent notre univers multidimensionnel. Selon la théorie de la relativité, le temps ralenti à mesure que la masse accélère, de sorte que si votre énergie circule, et que vous y appliquez votre volonté, votre masse s'accélère également, le temps ralentit donc pour vous et vous pouvez simplement changer (ou diriger) la trajectoire ou le mouvement de votre corps dans l'espace.

8- ZAI

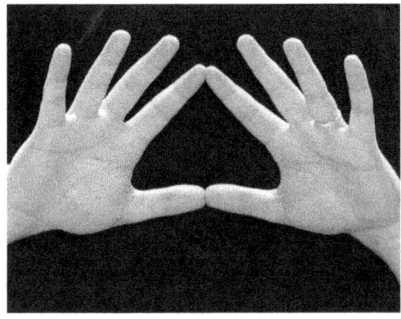

Touchez le bout de vos pouces et de vos index afin de former un triangle, alors que vos autres doigts sont étendus en éventail.

Chakra: Troisième oeil
Mantra : Om srija iva rtaya swaha

En pratiquant ce niveau, vous établirez une relation entre les différentes composantes de la création universelle : les éléments. Ces éléments ne sont pas uniquement physiques, mais également spirituels. La pratique de ce kuji est à la base du pouvoir de manifestation. Visualisez vous être en harmonie avec la nature. Visualisez le courant de Qi de la nature jusqu'à vous, et de vous jusqu'à la nature. Après quelques moments, remarquez de plus en plus que la nature est vivante et que vous pouvez communiquer avec elle. La nature peut communiquer avec vous selon les limites des lois naturelles. Éventuellement, au fur et à mesure que vous augmentez votre sensibilité envers la nature, vous pourrez peut-être développer la capacité d'invoquer une manifestation d'éléments, une fois que vous aurez cette maîtrise.

9- ZEN

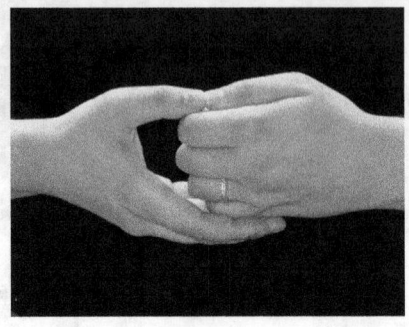

Appuyez vos jointures gauches sur les doigts de votre main droite, paume droite déployée. Touchez le bout de vos pouces avec douceur.

Chakra: Couronne
Mantra : Om ah ra pa cha na dhi

L'illumination est l'état mental le plus élevé. L'illumination est un peu comme une Finalité, accomplie par la Méditation. En faisant cette pratique, vous pourrez éventuellement disparaître aux yeux des esprits moins développés. Vous êtes toujours là, bien sûr, mais les autres ne peuvent capter votre présence puisque vos vibrations sont plus hautes que ce que leur mental peut capter ou à tout le moins interprété comme étant réel. Pour pratiquer ceci, imaginez simplement un vide paisible baignant dans la lumière blanche; visualisez-vous ensuite vous-même fusionnant avec cette lumière blanche. Il est possible que vous puissiez être invisible aux yeux de la moyenne des gens.

Les 5 éléments

En plus de vous activer vous-même avec le kanji de chacun des cinq éléments, il est nécessaire de charger l'énergie des éléments dans votre âme. Dans ce cas, nous feront comme les mages bouddhistes, au moyen d'un mala. Un mala est un collier de billes de bois comptant exactement 108 billes. Certains comptent une 109e bille, qui n'est pas comptée pendant cette pratique. L'expression « chanter un mala » signifie que vous chantez, ou récitez rapidement, un certain mantra exactement 108 fois en utilisant votre mala pour compter. Utilisez votre pouce ou votre majeur pour compter les billes. Vous ne devriez pas utiliser votre index pour compter les billes pendant que vous récitez des mantras.

Les cinq éléments sont bien plus que les éléments tangibles auxquels nous pensons lorsque nous parlons de la terre, du feu, de l'esprit, de l'eau et de l'air. Les cinq éléments spirituels réfèrent à leurs concepts plutôt qu'à leur manifestation physique. Nous expliquerons les concepts à contempler pendant que vous chargez les mantras des cinq éléments. Les concepts suivants sont ce que je me plais à associer aux cinq éléments de base, où nous allons au cœur de leur énergie. Pour chacun des cinq éléments, faites une charge du type 9 X 12, récitant 9 malas par jour, ou 35 minutes de récitation, chaque jour pendant 12 jours d'affilé. En utilisant un mala, vous aurez terminé en un peu moins de 35 minutes lorsque vous serez habitué à la prononciation des mantras.

Chacun des mantras des cinq éléments invoque l'aide de concepts Divins que la plupart des gens considèrent comme des dieux. Il n'est pas nécessaire de croire qu'il se trouve réellement de saintes personnes humaines dans les formes de Bhumidevi, Agni, Avalokiteshwara, Tara, Cittaamala… Ce sont des représentations de forces supérieures qui agissent dans l'univers et ces mantras emploient l'approche bouddhiste afin d'invoquer leur intervention. Il n'existe aucun processus élémentaire qui n'invoque pas l'aide des forces Divines. Cependant, chacun peut invoquer les noms Divins de leur propre système de croyances. Nous fournirons une explication de chaque mantra et présenter des variantes possibles pour les étudiants souhaitant invoquer les forces Divines au moyen des noms correspondant à leur système de croyances.

Un jour, un étudiant m'a demandé s'il était convenable de charger plus d'un mantra à la fois. Il est possible de le faire à condition de suivre une règle simple. Lorsque vous chargez des mantras tirés d'une série (comme les éléments), vous devez vous assurer de commencer à charger les mantras de manière à avoir terminé un mantra avant que ne se termine le mantra qui vient ensuite. Commencez à charger le mantra du feu après avoir commencé à charger le mantra de la terre afin d'avoir terminé la charge du feu après avoir terminé la charge de la terre. Cela signifie également que si vous chargez les éléments de terre et de feu au cours de la même période de douze jours, vous devez simplement faire le mantra de la terre en premier, puis le mantra du feu. La même chose s'applique à propos des mantras du kuji-in (sans faire le mudra du kuji-in pendant que vous manipulez votre mala).

Terre

La plupart des gens voient la terre comme un symbole de stabilité, alors que le concept spirituel de la terre est la génération. La stabilité est liée surtout au symbole de la pierre, qui fait partie de l'élément terre. De la terre provient la vie et la terre contient tous les métaux impliqués dans les champs électromagnétiques. La terre englobe le concept de stabilité, mais va bien au-delà. L'élément terre est l'élément le plus important à conserver élevé dans votre système énergétique. Il est à la base de la création et est également à la base de la santé mentale. Avez-vous déjà vu une personne «terre à terre» avec une maladie mentale ? La plupart des gens souffrant de maladie mentale ne sont pas connectés à l'élément terre.

Pendant que vous chargez l'élément terre, ou que vous récitez simplement le mantra, pensez au concept qui donne la vie, la génération des plantes et le soutien des champs électromagnétiques. L'élément terre stabilisera et purifiera votre

Chi, votre énergie vitale. Il nourrira des cercles de protection autour de vous, sur le plan physique et spirituel.

Le mantra de la terre: Om prithividhatu Bhumideviya

Om: Syllabe Divine
Prithivi: la terre, le sol
Dhatu: la nature de, l'aspect de
Bhum: la Terre, la planète
Devi: divinité
Ya: association grammaticale

Le mantra de la terre invoque l'énergie de la nature terrienne de l'être divin qui est notre planète. Les adeptes de toutes les traditions peuvent réciter ce mantra et respecter à la fois leur tradition. La traduction anglophone ressemblerait à «nature terrienne de la déesse Terre».

Après avoir chargé le mantra de la terre, vous serez en mesure d'invoquer les énergies de protection chaque fois que vous récitez le mantra mentalement ou à voix haute. Votre santé mentale augmentera. Votre paranoïa disparaîtra. Votre Chi / Force vitale circulera harmonieusement dans votre corps. L'élément terre est essentiel avant de pouvoir progresser vers d'autres entraînements qui impliquent l'interaction avec le monde matériel.

Feu

L'élément feu n'est PAS le concept de la destruction par le feu, bien qu'il puisse être utilisé pour une telle application, principalement lors d'un processus de purification. La véritable forme de l'élément feu n'est pas destructrice. Le feu se matérialise à partir de certains niveaux vibratoires et progresse à un niveau encore plus élevé. Le feu élève les énergies. Il purifie les énergies denses et stagnantes et les transforment en énergies de nature plus élevée, libérant la circuiterie énergétique de toute obstruction. Le feu amène également le changement et le renouveau.

Dans la nature, nous pouvons observer comment le feu transforme les composés solides en formes liquides ou gazeuses. Il altère la structure moléculaire et la composition chimique des composants. Le feu génère de l'énergie et augmente la puissance de tous les autres processus.

Lorsque vous utilisez le mantra du feu, contemplez les forges génératrices de puissance, ainsi que l'effet d'élévation.

Le mantra du feu: Om Tejasdhatu Agnaya

Om: Syllabe Divine
Tejas: Puissance, énergie, force associée au feu
Dhatu: la nature de, l'aspect de
Agni: Feu, à la fois la forme et la Divinité (ici, Agnaya)
Ya: association grammaticale

Agni n'est pas une Divinité limitée à quelque tradition que ce soit. Elle est plus répandue dans la tradition Hindoue, mais elle signifie simplement le feu sous forme d'une force naturelle intelligente. De toutes les forces de la nature, celle du feu est la plus puissante. Cela signifie quelque chose comme « Nature puissante du Feu ». En sanskrit, nous écrivons parfois le mot Feu en utilisant le mot « tejas », parfois en utilisant le mot « angi ».

Ciel/Esprit

L'élément Ciel/Esprit est de nature spirituelle, la plus élevée qui soit. Il invoque l'action de Dieu dans votre vie. Il s'agit de l'élément spirituel. Il s'agit de l'outil de toute activité spirituelle. Charger ce mantra élève votre conscience. Si vous n'êtes pas déjà né (existant pleinement) au plan spirituel, ce mantra en accèlèrera le processus.

Le mantra du Ciel: Om Akashadhatu Avalokiteshwaraya

Om: Syllabe Divine
Akahsa: Divin, le plan spirituel
Dhatu: La nature de, l'aspect de
Avalokiteshwara: Bodhisattva de compassion
Ya: Association grammaticale

Avalokiteshwara est le troisième concept personnifié de la Sainte Trinité dans la tradition bouddhiste. Alors que les chrétiens nomment le «Père, le Fils et le Saint-Esprit», les Hindous parlent de «Bramha, Vishnu et Shiva». Les bouddhistes nommeraient la trinité de leurs concepts «Amitabha, Mahastamaprapta, Avalokiteshwara».

Si vous n'êtes pas confortable avec le fait de prier Avalokiteshwara en utilisant le mantra bouddhiste, vous pouvez réciter le mantra en utilisant le nom chrétien du Saint-Esprit en Sanskrit de cette manière : Om Akashadhatu Baghavaatmaya, ou d'utiliser l'équivalent de la tradition Hindoue :
Om Akashadhatu Shivaya

Eau

La vie prend naissance dans l'eau. La vie est la substance dans laquelle toute vie prolifère. L'eau façonne la terre. L'eau est l'élément qui représente les entrailles de l'univers. Tout fait partie d'une forme d'eau de nature supérieure qui englobe, pénètre et investit l'univers en entier. Il n'existe aucune matière sans cette eau primordiale. Elle est la lumière infinie de la création, sous forme tangible. Elle est la constituante de base du Chi et de la force vitale.

Le processus de l'eau vous connecte à la vie, au mouvement et à l'univers. C'est dans cette eau primordiale que nous étendons notre conscience. Charger le mantra de l'eau nous connecte au flot vital. Elle purifie notre corps, notre cœur et notre mental. Elle soulage nos douleurs, elle veille sur nous.

Le mantra de l'eau : Om Apsadhatu Taraya

Om: Syllabe Divine
Apsa: Eau
Dhatu: la nature de, l'aspect de
Tara: Mère Divine
Ya: Association grammaticale

Le nom Tara(ya) peut être remplacé par le nom chrétien de la Mère Divine Maria(ya) ou par le nom Hindou Durga(ya)

Après avoir chargé le mantra de l'eau, les effets se manifesteront naturellement. Votre niveau d'énergie (de vie) augmentera. Votre coeur sera plus stable alors que votre mental deviendra plus flexible. Le fait de charger le mantra de l'eau augmentera de beaucoup votre capacité de guérison. Il soutien toute manifestation.

Air

C'est par l'air que l'information se partage et que les mouvements se produisent. L'air soutient toute forme de vibration tout en étant l'élément qui les modifie le moins. L'air laisse passer la lumière. L'air est le médium dans lequel le son se déplace. Le mantra de l'air favorise l'accessibilité à l'information par votre mental et autres sens. Elle vous aide à percevoir de toutes les manières possibles. Elle joue également un rôle dans tous les types de voyage et de mouvement. Le mantra de l'air affranchira également votre esprit de toutes pensées limitatives. Elle élargira votre perception de l'univers et de vous-même.

Le mantra de l'air : Om Vayudhatu Cittaamalaya

Om: Syllabe Divine
Vayu : Air / vent
Dhatu : la nature de, l'aspect de
Cittaamala : Pureté du mental
Ya : Association grammaticale

Le mental est tel un singe, sautant constamment, partout. Nous visons la maîtrise de notre mental afin que nos pensées deviennent précises, pointues. Le dieu singe Hindou Hanuman n'est pas une personne, mais une représentation du mental maîtrisé, ou le mental sous notre propre contrôle et dominé par notre Esprit. Les Hindous utilisent le nom d'Hanumanta (ya), qui est le fils du Dieu Singe, invoquant un mental pur et stable.

Charger les cinq éléments peut prendre aussi peu que 60 jours si vous faites 9 malas par jour pendant 12 jours, et ce, pour les cinq éléments d'affilé. Charger les cinq éléments éveillera chaque aspect de votre spiritualité. Cela procurera de la sagesse biologique à votre corps. Cela ouvrira des portes spirituelles, enlèvera les blocages, purifiera vos énergies.

Les cinq éléments sont une partie importante dans le développement de votre mental, de votre cœur et de votre corps afin d'interagir avec la nature et d'aller au-delà de ses limites illusoires. La nature fut créée avec les concepts spirituels des cinq éléments et est encore sous leur tutelle.

Charger les cinq éléments vous donnera les outils de base requis pour progresser beaucoup plus rapidement dans tout autre type d'entraînement que vous ferez, physique, mental ou spirituel. Après avoir chargé les cinq éléments, il est recommandé de faire des malas d'activation ou de soutien de temps à autre, afin de garder leurs énergies actives et intenses dans votre corps. De temps à autre, faites cinq malas d'affilés, un pour chacun des éléments.

Les cinq éléments doivent être complètement chargés avant que vous ne puissiez commencer à les utiliser. Jusqu'à ce que vous appreniez à utiliser ces énergies, gardez-les pour vous. Elles soutiendront tout autre type d'action spirituelle que vous ferez. Après avoir appris les bénéfices des énergies des éléments, vous pouvez les utiliser pour traiter d'autres personnes qui sont carencées en ces énergies, par le toucher ou la transmigration. Après un traitement, vous devrez purifier vos propres énergies.

Tableau Hiragana

	A	I	U	E	O
	あ	い	う	え	お
K	か	き	く	け	こ
S	さ	し	す	せ	そ
T	た	ち	つ	て	と
N	な	に	ぬ	ね	の
H	は	ひ	ふ	へ	ほ
M	ま	み	む	め	も
Y	や		ゆ		よ
R	ら	り	る	れ	ろ
W	わ	ゐ		ゑ	を
N					ん

Tableau Katakana

	A	I	U	E	O
	ア	イ	ウ	エ	オ
K	カ	キ	ク	ケ	コ
S	サ	シ	ス	セ	ソ
T	タ	チ	ツ	テ	ト
N	ナ	ニ	ヌ	ネ	ノ
H	ハ	ヒ	フ	ヘ	ホ
M	マ	ミ	ム	メ	モ
Y	ヤ		ユ		ヨ
R	ラ	リ	ル	レ	ロ
W	ワ	ヰ		ヱ	ヲ
N					ン

www.ingramcontent.com/pod-product-compliance
Lightning Source LLC
Chambersburg PA
CBHW052230230426
43666CB00034B/2587